助你

青之力！

偉人名言佳句80句

10分鐘讀世界名言真理

西澤泰生
著

角色介紹

明日香

12歲，小勝的青梅竹馬兼同班同學。
是一位男孩子氣、活力充沛的女生。
夢想未來能成為名言學院的老師，
十分崇拜七海老師。
從名言學院取得了「賢者名冊」。

小勝

12歲，「名言學院（小學部）」的學生。
目標成為「名言達人」努力學習中。
為了通過畢業考，決定和明日香展開
一場「賢者格言蒐集之旅」。
喜歡閱讀，個性溫柔但有點怕生。
不擅長體育。

小名

與明日香和小勝一
同踏上蒐集之旅的
機器犬。小名是校
長和七海老師派出
的守護犬兼聯絡師
長的對講機。

校長

「名言學院」的校長。
以前是傳說級人物「超級名言達人」。
為了向孩子們推廣賢者格言及名言的
美好而創辦了「名言學院」。

七海老師

小勝和明日香的級
任導師。
會在旅途為兩人解
說蒐集到的「賢者
格言」。

※基於易讀性考量，本書中出現的部分格言有將古文轉換成現代文、將外文進行翻譯等更動原文之情形。
※本書中的名言解釋與解說，僅為作者參照該名言的一般解釋所撰寫的個人見解。

目次

※本書為2018年發行之《10分鐘80句世界偉人名言》（暫譯）加筆修正的全新書名改訂版本。

活用賢者的格言！

大家每天的校園生活過得開心嗎？

對於大家這樣的年輕人來說，

每天都相當重要！

充實地度過現在的每一天，肯定能為美好的未來開拓出一片天！

因此，校長希望大家能珍惜生活中的每道珍貴的時光。

即使如此，我們偶而的確也會失去生活的動力，真是個棘手的難題……

此時，偉大宗教家與哲學家的至理格言，肯定能成為你堅強的好夥伴。

其實校長我也常常受到格言的鼓勵呢！

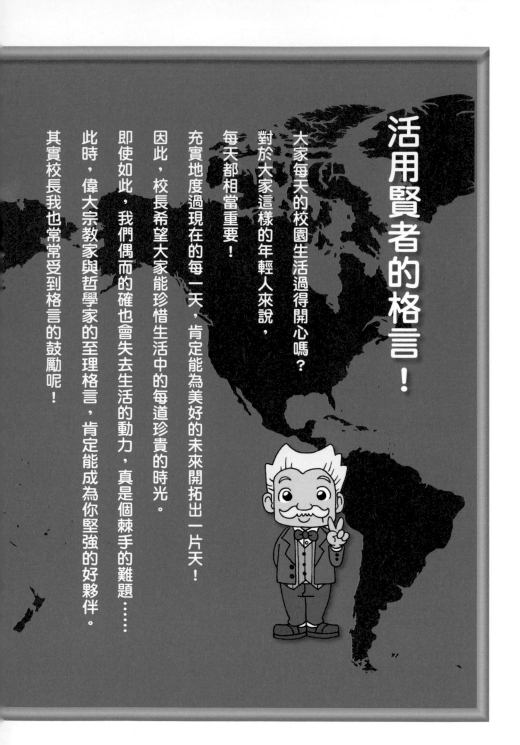

然而，對於「宗教」一定有不少人無法理解；更別說「哲學」，連不少大人都反射地認定必定艱澀難懂而感到排斥。

對你們來說，也許也還沒找到方法探究這些看似很難的道理對吧～！

然而，從古至今，有多少人被宗教的話語給救贖、透過哲學思想的提點而找到前進的道路呢？

雖然宗教和哲學給人繁文縟節、難以親近的印象，但只要試著走進它們的世界，就能夠發現其實道理並不難理解。正因如此，才會直至今日仍備受重視。

那麼事不宜遲，就讓我們展開旅程，邂逅能成為你堅強後盾的名言與真理吧！

展開蒐集賢者格言之旅

大家好，我是小勝。
名言學院的畢業考題，是要搭乘時光機穿越古今蒐集賢者們的格言！
如果沒有蒐集到80個以上的賢者格言的話，就無法從小學部畢業……
雖然時光機旅行讓我有點不安，但有小香在應該就不用擔心了！
喂！不要再叫我小香了——
就算我們是青梅竹馬也一樣！
這趟旅程你可要跟好囉！
得拿好這份「賢者名冊」，從他們口中好好聽到格言才行……。
七海老師～！我們出發了～！
汪汪！

序

世界的宗教、思想與哲學理論

這個世界上有各式各樣的宗教、思想和哲學理論呢！
無論何者，都是希望能帶給世人幸福而存在！
許多至理名言都是從這些之中誕生的喔！

佛教

佛教是一個世界性宗教，信奉誕生於印度的佛陀（釋迦牟尼佛）。佛教僧侶會在佛寺中進行嚴格的修行，以學習佛陀的教誨。

佛教主要分成兩大派系：日本和中國等國家信仰的大乘佛教及規定較為嚴厲、以泰國和斯里蘭卡等國家為主所信仰的上座部佛教。雖然佛教發源於印度，但比起印度本國，在東南亞、東亞國家反而更為盛行。

誦經也是修行之一呢！
要成為僧侶，必須經過嚴格的修行呢！

基督教

基督宗教盛行於美洲大陸、歐洲各國及俄羅斯，據信擁有20億名以上的信徒，因此被稱為世界上最具規模的宗教。

基督宗教有諸多教派，包括天主教、基督新教與東正教，但無論教派，大多信奉耶穌基督為上帝之子，並將聖經奉為聖書，也都擁有教會。

信眾居然有20億人，好多喔！
於教會中演奏的管風琴，樂音很迷人喲！

伊斯蘭教

穆罕默德曾於今日沙烏地阿拉伯的麥加的洞穴中進行冥想，並於西元600年左右創立伊斯蘭教。信仰以中東、亞洲、北非地區為中心，今已擁有16億名信眾。

伊斯蘭教信奉神祇「阿拉」，教條嚴謹，信眾必須遵守不吃豬肉、不喝酒的紀律，女性則須用一種叫作「希賈布」的絲巾遮掩臉部及頭髮。

還要遵守白天不能進食喝水的齋戒呢！
希賈布也有色彩相當豐富的款式喔！

猶太教

猶太教信奉耶和華為上帝，發源於中東與近東，這個地區同時也是基督教、伊斯蘭教等宗教的發源地。

猶太教徒必須嚴守安息日不工作的規定，對於飲食也有相當仔細的規範喔！

猶太教是唯一將舊約奉為經典的宗教呢！

印度教

印度教主要盛行於印度，據說印度人有8成左右都是印度教的教徒。印度教有「種姓制度」的階級制度，限制每個人的職業與結婚對象，但現代印度憲法已經明文禁止這種階級歧視，當地的歧視現象似乎也有因此逐漸消弭呢！

印度教是印度的民族宗教之一喔！

中國的諸子百家

至於中國則廣傳源於孔子的「儒家」，以及老莊等思想家的教誨，統稱為「諸子百家」。其中尤以儒家為大，不僅中國本地，也對韓國及日本文化造成極大的影響。

中國有這麼多位思想家呀！
「百家」就是數量很多的意思喔！

神道教

神道教相信山川、田野等自然之物，以及工具、建築等萬物皆有神靈，是日本自古以來就存在的宗教。

順帶一提，夏威夷的神祇和日本的神明有許多相似之處，兩地都擁有豐富的神話故事，也同樣十分重視大自然。

除了這兩個地方之外，世界各國也都有許多孕育於當地的獨特民族宗教。

山川海洋皆有神呢！
世界各地有許多不同的神話故事喔！

世界上有很多宗教。其中基督教、伊斯蘭教和佛教合稱世界三大宗教。
其信眾超過數億人，對世人的生活及思想帶來深遠的影響。

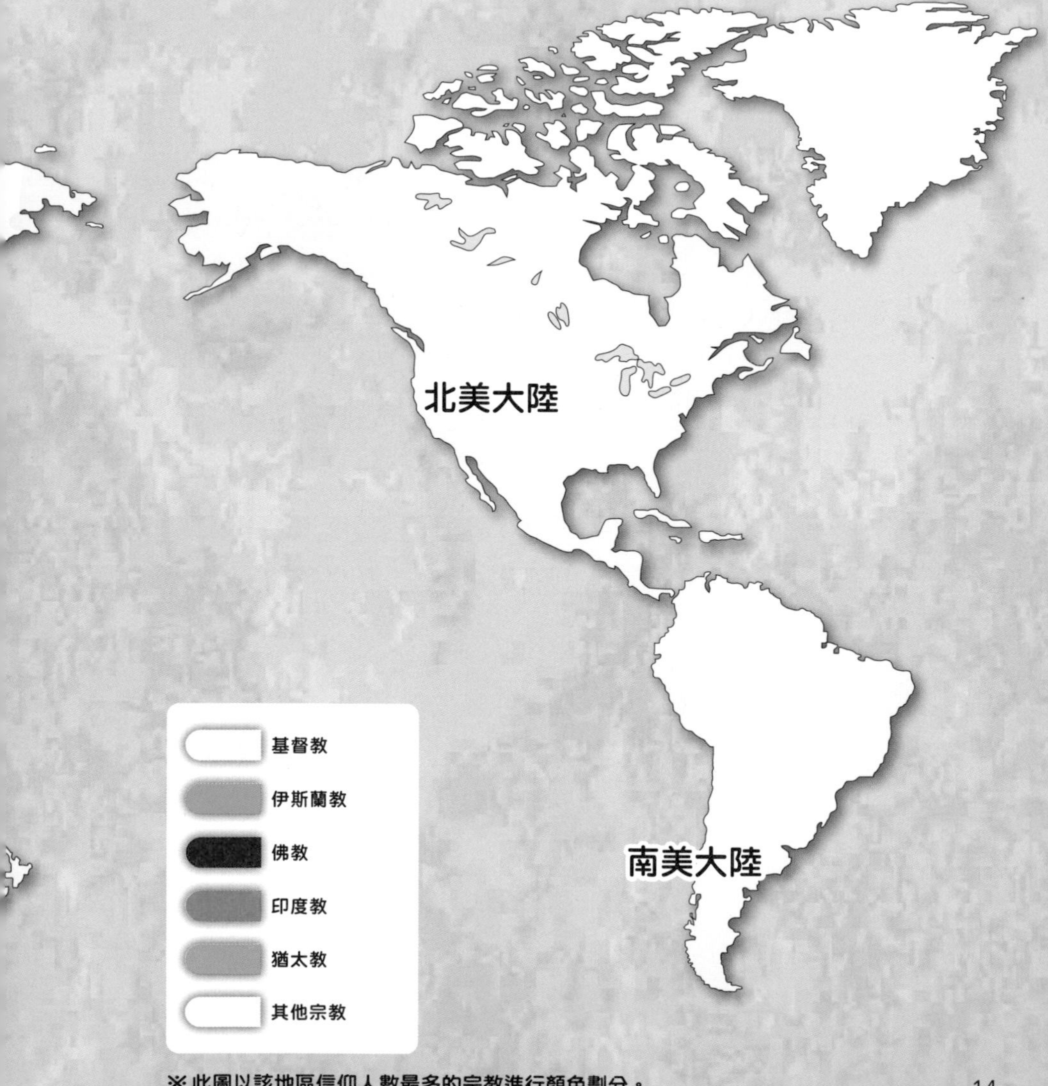
北美大陸
南美大陸
基督教
伊斯蘭教
佛教
印度教
猶太教
其他宗教

※此圖以該地區信仰人數最多的宗教進行顏色劃分。

世界的宗教地圖

最後，我們也來了解一下「哲學」吧！

哲學

哲學深入探討了「我是誰？」、「社會是什麼？」等與自我和人群相關的問題，甚至也深入探究了自然界與世界。從中得出一套見解或真理的人，我們稱之為「哲學家」。對哲學家來說，他們的所思所想對社會是否有所貢獻並不是件太重要的事，重要的是他們不遺餘力地去思考各式各樣的問題。

第1章

聖經、聖書中的格言

（猶太教、基督教、伊斯蘭教）

首先是基督教和伊斯蘭教等宗教經典中的格言。我有個每週日都會上教會的女生好友呢！
究竟會聽到什麼樣的格言呢？好期待喔！
讓我們一起搭乘時光機出發吧！Let's go！

1

摩西的格言

不可捏造與人相關的不實謊言。

【原文】不可作偽證陷害人。

這裡所說的「謊言」，我想不僅僅是指有意矇騙對方的「謊言」，還包括「不負責任的謠言」。舉例來說，四處宣傳「打破玻璃的好像是〇〇〇」、「〇〇〇的成績會那麼好，都是因為老師偏袒他」等等的流言蜚語，和說謊一樣惡劣喔！

【摩西】摩西在猶太教、基督教，和伊斯蘭教中都被視為非常重要的預言家。他在西奈山上領受上帝頒布的「十誡」律法，並帶著刻有十誡的石板前往應許之地。

小筆記

要明白謊言是會摧毀一個人的喔！

摩西的小故事

說到摩西，舊約聖經中記載，他曾率領在埃及慘遭虐待的猶太人逃離埃及。在逃亡的過程中，為了躲避追趕而來的埃及軍隊，摩西使用魔杖將眼前的海洋（紅海）一分為二，開闢出一條通往對岸的道路。根據近期的研究，摩西分割的事實上並非紅海，而是湖泊，若真的是這樣的話，就能夠解釋這幅讓人難以置信的情景「其實是因為強風將湖水吹開，產生了一條道路」。電影裡出現的著名分海場景，搞不好是真的喔！

這世上也有人總是謊話連篇呢！
這樣的人，最後都無法獲得他人的信任呢！

2 所羅門王的格言1

空有熱忱而沒有知識並不是件好事。腳步急促的人容易摔跤。

【出處】舊約聖經《箴言》：人無知識乃為不善，腳步急快的，難免犯罪。

【所羅門】（西元前1011年左右～西元前931年左右）古以色列的第三代王。運用上帝賦予的智慧展開海外貿易，打造了一座豐饒的王國。

如果只是一鼓作氣往前衝，儘管再怎麼有熱忱，最後都容易走向失敗。組裝模型時，如果沒有善加思考就一股腦地組裝下去，可能會因此搞錯黏貼順序而無法挽回。熱忱雖然重要，但也必須擁有能一邊仔細確認設計圖一邊組裝的智慧。出自舊約聖經的所羅門王是位非常有智慧的國王，甚至還有「所羅門的智慧」一詞呢！

小筆記

沒有智慧與知識卻不停暴衝，將會迎向失敗。

3 所羅門王的格言2

一個人去干涉與自己無關的紛爭，就好像去揪住路過的小狗的耳朵。

【出處】舊約聖經《箴言》：過路的人干涉與自己無關的紛爭，就像人揪狗的耳朵。

有些人明明事不關己，發生衝突還是會好奇而探頭查看。這樣的人容易身惹禍上身，或是遭到斥責——少在一旁說風涼話。當遇到有人陷入窘境時，前去和他談談，在能力範圍內幫助他人倒是一樁美事；但如果讓自己捲入無關的麻煩，就不是一位有智慧的人會做的事了。

小筆記

盡量別讓自己捲入無關的紛爭內。

4 耶穌基督的格言1

你們願意人怎樣待你們，你們也要怎樣待人。

《聖經》路加福音第6章

【耶穌基督】（西元前4年左右～西元30年左右）基督教的始祖。父親是約瑟，母親是瑪利亞。在世時，奔波各地宣揚上帝的教義，其格言以基督教之姿流傳至今。

舉個例子，當你提著很重的行李時，一定會想：「好希望有個人能來幫我拿呀～！」因此，若你看到朋友拿著很多的行李時，請對他說聲「辛苦了！」並且幫他拿一個吧！像這樣對別人做出「希望別人對我做的事」，哪天遇到困難時，別人也會幫助你喔！

小筆記

在這世上要懂得互相扶持！

5 耶穌基督的格言2

要愛鄰舍如同自己。

《新約聖經》馬太福音第22章、《舊約聖經》利未記第19章

這句話的意思是，我們必須重視他人如同重視自己。「鄰舍」指的不是住在旁邊的人，而是指「自己以外的所有人」。而「愛」比起「喜歡」，更帶有一份「同理心」。雖說如此，我們仍不能忘記——「必須先看重自己」，並不是要你為了別人耗盡心力、犧牲自己喔！

小筆記

重視自己！並且重視他人如同重視自己！

6 耶穌基督的格言3

你們祈求，就給你們。

《新約聖經》馬太福音第7章

這句話後頭接著的是：「尋找，就尋見。叩門，就給你們開門。」乍聽之下感覺是一句能夠占盡便宜的話，但絕對不是在跟你說「只要任性就能獲得一切」，而是在說「如果有什麼想要的東西，就透過行動去取得，如果不行動，就什麼都得不到。」遺失物也是，不前去尋找，它就不會出現在你眼前喔！

小筆記

成功的人，都是願意行動的人。

7

作家・修道士 葛拉西安的格言

沒有人能藉由嫉妒獲得幸福。

【巴爾塔沙・葛拉西安】（西元1601年～西元1658年）西班牙作家、修道士。其西班牙文學著作《El Criticón》及傳遞智慧生活之道的《智慧書》被全世界廣為閱讀。

「〇〇〇家好有錢，真好」、「〇〇〇考試總是考一百分，好讓人羨慕啊！」像這樣子嫉妒他人，完全沒有任何的好處。「嫉妒」，只會為自己招來不幸。別人是別人，自己是自己。正因為別人是別人，他的家庭環境和成績理所當然會和自己不同。請記得，所有的不幸，都是源自於和他人的比較。

小筆記

「嫉妒」是最糟糕的情緒。

8

穆罕默德的格言

說出口的話會自己長腳走路。

【原文】從你口中說出的話語，將充分發揮其影響力，覆水難收。

【穆罕默德】（西元570年～西元632年）預言家，同時也是伊斯蘭教的開山始祖。領受阿拉的啟示，並宣揚絕對服從唯一之神阿拉。

有時，在別人面前講過的話，無論你希不希望如此，都很容易會被傳開來。舉例來說，你跟某個人說：「〇〇〇真的好討厭喔！這件事我只跟你說，你不要跟別人說喔！」這句話便會在不知不覺間傳進〇〇〇本人耳裡。政治家們也很常因為失言而辭職下台，對吧！話一旦說出口便覆水難收，這是件非常可怕的事情。所以在說話前，請好好思考這句話到底該不該說吧！

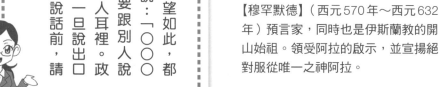

小筆記

在說出口後會後悔的話千萬別說！

穆罕默德的小故事

穆罕默德在開始宣揚伊斯蘭教之前，是一位天資聰穎的商人，廣受眾人的信賴，事業相當成功。

某天，一塊建造神殿的石頭掉落了，由於將石頭放回神聖的神殿是一件光榮的事情，因此，當時的4位族長彼此爭論該由誰來擺回這塊石頭。此時，穆罕默德爭論不休的4人提議：「不然將石頭放在一張地毯的正中央，地毯總共有4個角，每個人各拉一角，一起將石頭放回神殿如何？」多虧有穆罕默德的機智，事情才圓滿落幕。

穆罕默德也真是機智呢！
聽說他還有喜歡貓的溫柔一面呢！

9

神學家、神職人員 馬丁・路德的格言

即便明天就是世界末日，我今天依然會種下蘋果樹。

這是句非常激勵人心的格言呢！意思是「就算遇到了再怎麼令人絕望的處境，也不要放棄希望，去做些現在能做的正確的事」。面對當時握有權力的教會，馬丁・路德不惜一切發表抗議言論，是一位替宗教改革奠下基礎的人物。若從這個角度來想的話，也許這句格言同時也表示著他的決心——「就算明天我會被趕盡殺絕，我也要將正確的觀念傳遞給下個世代」。

【馬丁・路德】（西元1483年～西元1546年）德國的神學家、神職人員。他批判當時的天主教會，企圖改變基督教，是宗教改革的重要人物。因為這場宗教改革，新教就此誕生。

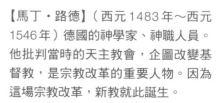

馬丁・路德的小故事

馬丁・路德個性十分樂於助人，並認為須改革舊習，即使是侍奉神明的僧侶也應該擁有結婚的權利。

某天，有一群想從修女還俗的女子向馬丁・路德求助，他便趁著夜黑風高時將她們藏匿於木桶，利用馬車載送出去，幫助這群女子逃離修道院。之後，馬丁・路德甚至替她們媒合結婚對象，也都相繼步入禮堂；只不過，有一位名為卡塔琳娜的女子，怎麼樣就是找不到適合的結婚對象，於是馬丁・路德便親自和她結成夫妻，實在令眾人驚訝不已。

小筆記

即使乍看身處沒有希望的窘境，也要盡力而為。

這實在是一句能夠讓人重拾勇氣的話呢！
貫徹自己信念非常重要呢！

10

修女 **德雷莎修女**的格言1

我們不是為了成功而存在，而是為了表達真心才存在。

德雷莎修女認為自己的人生目的並不是「事業成功並成為一位有錢人」，而是「救贖更多的人」。因此她放棄教職，選擇走上照顧清貧家庭的人生。當然，我不會說「你一定也要踏上跟德雷莎修女一樣的人生道路」，但事實是，「為了讓自己享清福而努力」的人並不會成功。成功的，往往是「希望能讓更多人開心」的人。

小筆記

能夠讓百萬人感到開心的人，就是最偉大的成功人士。

【德雷莎修女】（西元1910年～西元1997年）天主教修女，其開啟的貧困救濟活動，仍持續被後世的修女們推廣宣揚。西元1979年，榮獲諾貝爾和平獎。

11

修女
德雷莎修女的格言2

溫柔的話語，儘管再短再簡單，都能無時無刻縈繞人心。

是否曾因痛苦時的一句「還好嗎？」或是挫折時的一句「加油」，而能再度打起精神呢？儘管只是一句短短的溫柔話語，都能讓我們重拾力量。因此，如果有人看起來疲憊不堪，請溫柔的關心他吧！或許，正是你的一句話讓對方重振精神！不覺得這是件很棒的事嗎？

小筆記

讓溫柔的話語化為「言靈」，溫暖對方的心吧！

12

牧師・社會領袖 馬丁・路德・金恩的格言

愛是化敵為友的唯一力量。

【馬丁・路德・金恩】（西元1929年～西元1968年）美利堅合眾國的黑人運動領袖，提倡非暴力主義，並引領非裔美國人展開公民權運動。西元1964年榮獲諾貝爾和平獎。

漫畫中常常出現主角同情敵人，最後兩人成為好友的情節。現實生活中亦是如此，竭盡力氣打壓對手只會招來憎恨，與其這樣，不如給予對方幫助，反而能跟關係不好的人成為摯友呢！或許討厭的人不管說什麼都會讓你火冒三丈，但請試著當作自己是被矇騙了，用寬大的心胸去接納一切事物，也許哪天，對方就會開始對你萌生好感喔！

小筆記

溫柔的話語能夠化敵為友。

第2章

佛教的格言

接下來是佛教的格言！
佛教將釋迦牟尼佛視為開山始祖，最初是由釋迦牟尼佛一人創立，但現在似乎發展出許多教派呢！
旅途中應該能夠聽到許多高僧的智慧箴言呢！

13

佛陀的格言1

我們人終究會成為自己理想中的模樣，絕無例外。

你是否認為自己「不可能成為理想中的模樣」呢？這麼想的你，最後便會因為「這絕對不可能發生」的信念，而真的無法達成理想。其實鈴木一郎正是因為自幼就深信自己能夠成為一位一流的職業棒球選手，才實現這個美夢的。老師我認為，雖然並非保持正直、殷勤不懈就能實現夢想，但不相信自己夢想的人，百分之百無法達成抱負。

【佛陀（釋迦牟尼）】（西元前463年～西元前383年左右？）本名喬達摩・悉達多，佛教的開山始祖。29歲出家，35歲時於菩提樹下開悟後，開始周遊列國宣揚佛教。

小筆記

實現夢想的第一步，就是相信你的夢想。

佛陀的小故事

35歲開悟的佛陀直到圓寂前，持續了45年之久的佛教宣揚之旅。據說某天佛陀傳道時，一位深受感動的人對佛陀說：「您的教誨實在是太引人入勝了，不如使用格調較高的吠陀梵語來傳授吧！」佛陀憤怒地回答他：「這麼做的話，一般大眾就無法明白我說的話了！」。

在當時的印度，吠陀梵語只有部分階級的人才聽得懂，是一種非常難的語言。然而，佛陀正是希望能拯救一般平民百姓脫離苦海，才會四處宣揚佛的教義呀！

明日香，你相信你未來的夢想，對吧！
當然！我絕對要成為一位和七海老師一樣的老師！

14 佛陀的格言2

愚昧的人，常為名譽和利益所苦。常會為了想奪得上位、掌握權力、分得利益的欲望而苦。

小筆記

別讓名譽和金錢成為你「煩惱的根源」。

擁有「好想成為偉大的人」、「好想成為有錢人」等等想法，絕非壞事。把這樣的想法當成「讓自己努力前進的目標」著實不錯，但如果被渴望「權力」、「出人頭地」、「金錢」的想法給控制的話，你的心將永遠得不到滿足。舉例來說，如果對「掌控權」有強烈的欲望，就會變得像國王一樣，容易在無法隨心所欲時心生不滿呢！

15

佛陀的格言3

無論你沈默、多話，還是寡言，都會遭到他人的批評。這世界沒有人能躲過批評。

小筆記

明白這世上「一定會有批評你的人」。

曾經有位藝人，因入榜藝人好感度排行榜中的「討厭的藝人排行榜」，而對此煩惱不已。某位前輩藝人便對他說：「這世上絕對有人討厭你，所以去在意這件事情只是浪費生命。」沒錯，如果今天你是因為做了壞事而引人側目，那就另當別論。但若非如此，就算遭到他人批評也無須煩心。只需將之拋諸腦後，堂堂正正地做你自己就行。

16

中國禪宗 **達摩祖師**的格言1

把氣拉長，把心磨圓，杜絕憤怒，看重他人的存在，擺低自己的姿態。

【達摩祖師】（西元483年～西元540年）印度僧侶，中國禪宗的開山始祖。出生時原是一名印度王子，在學習佛教後前往中國。據說曾於洞穴內打坐長達9年。

這是達摩祖師心目中人理想的模樣——別總是慌慌張張，耐住性子；待人要和善，不胡亂生氣；多替他人著想，保持謙虛。雖然這是件相當困難的事情，但若能以這樣的方式生活，必定能氣定神閒地活在世上。順帶一提，日本玩具「達摩」的外觀，就是源自達摩祖師穿著禪僧的紅色袈裟進行打坐的模樣喔！

小筆記

不急躁、不刻薄、不憤怒。

17

中國禪宗

達摩祖師的格言2

所有人都明白自己應當走哪條路，但只有少數的人真正走在那條路上。

在日本有一項習俗，叫做「替達摩開眼」喔！汪！

持續奮發圖強、認真努力學習、活用自身所學、不畏艱難勇於挑戰……，任何人都明白這些「水到渠成」的途徑。但是，實際走在這些路上的人寥寥無幾。也正因為如此，路途中少了很多敵人，讓「身體力行的人」得以馬到成功。然而人類終究明知道理，仍不願去實行。達摩祖師的這番話，對不少人來說肯定是忠言逆耳的吧！

小筆記

持續走在「理想之路」上的人少之又少。

18

真言宗 空海的格言1

放鬆心靈的祕訣，就是不掩飾自己的脆弱。

當我們感到緊張不安時，若能不避諱地表達自己的情緒，對周遭的人坦白：「心臟快跳出來了！」相信一定能讓你心情獲得舒坦。能像這樣不掩飾「真實的自己」，聽到你這番話的朋友們一定也會感同身受表示：「真的！我也覺得有點不安呢！」。

比起頑強的人，能夠坦誠表達自己脆弱之處的人反而更容易交得到朋友呢！

【空海】（西元774年～西元835年）日本僧侶，出生於平安時代的香川縣。又被稱做「弘法大師」，為真言宗的開山始祖。曾至中國學習真言密教的教義，並將其教義帶回日本。

空海的小故事

空海相當擅寫書法，和嵯峨天皇、橘逸勢並稱為「三筆」。有一句日本諺語說：「弘法大師也有筆誤之時」，意思就是：「像弘法大師（即空海）這樣的書法名家，偶爾也會有失敗的時候」。

這句諺語的背後有一則故事——某次，空海寫了一幅掛在「應天門」上的扁額，但在寫「應」這個字時，竟不小心少寫了一點。於是，空海拿起了筆，往高掛的匾額擲去，完美地補上了那個點。果然名家在失敗後採取的補救方法也是十分帥氣的呢！

小筆記

與其逞強，不如展現自己的脆弱，心情會更加輕鬆。

確實將不安說出口之後，心情會變得比較輕鬆呢！
只是小勝，你也太常把不安掛在嘴邊了吧！

19

真言宗 空海的格言2

發揮自己擅長的能力，便能如魚得水。

別人做起來費盡工夫，你卻能夠輕易搞定的事情，就是你的拿手本領。譬如，擅於寫作的人，很快就能完成一篇閱讀心得；擅於繪畫的人，無論再多幅畫都能輕鬆完成。空海的這句話後面還說道：「然而，明明自己不擅長，卻讓自己硬身投入的話，只會事倍功半。」也就是說，發揮自己擅長的能力，絕對能所向披靡。

小筆記

活用自己具備的能力！

20

天台宗
最澄的格言

扮演好自己的角色很重要。

【原文】一燈照隅，萬燈照國。（《天台法華宗年分學生式》）

最澄曾說：「盡力扮演好自身角色的人，對國家來說是顆無價之寶。」一個人拿著一盞燈只能照亮一方小角，但每個人都利用手上的燈照亮一個角落，就能使整個世界變得明亮。這世界是由各式各樣的人所組成的，在合唱表演或是運動會中，也都是因為班級裡的每個人各自扮演好自己的角色，才能夠取得優勝。

小筆記

只要用盡全力讓自己發光，整個世界都能因此明亮。

【最澄】（西元767年～西元822年）日本僧侶，天台宗的開山始祖。12歲出家，19歲前往比叡山，於山林中展開修行。曾遠渡中國修行，回日本後開始宣揚天台宗的教義。

21

淨土宗 法然的格言

與其勉強自己繼續努力，不如稍作休息再前進。

法然曾歷經許多嚴厲的修行，但他卻提倡：「佛陀希望能夠拯救每位深陷痛苦的人，因此即使大家認為修行很無趣，不想執行，也只要常念佛號『南無阿彌陀佛』，就能脫離苦海。」曾經，某個人對法然說：「每次只要誦經念佛的時候，我就會開始想睡。」法然則溫柔地回答他：「如果想睡的話就直接睡吧！等睡醒再繼續就行了。」

【法然】（西元1133年～西元1212年）日本僧侶，淨土宗的開山始祖。15歲出家，建立淨土宗。宣揚任何人都能夠透過不斷地念頌佛號「南無阿彌陀佛」往生極樂世界。

小筆記

比起勉強自己繼續前進，更要稍作休息！

法然的小故事

法然所提倡的教義——「就算不進行嚴厲的修行，也能透過唸誦法號脫離苦難」——廣受「想要脫離苦海，但覺得修行太辛苦」的普羅大眾喜愛與歡迎。

由於佛教認為喝酒不好，因此有人曾向法然提問：「喝酒就是罪過嗎？」法然則這樣回答他：「本當不可喝，然此為世之常態」（出自《百四十五箇条問答》）。也就是說，「本來是不能喝的，但在這世上總要和人打交道，因此喝酒也是無可厚非的！」

明明想睡，卻勉強自己用功的時候，真的都讀不進去耶！
感到疲憊時，稍作休息反而會更有效率喔！

22

臨濟宗 榮西的格言

請珍惜自己的生命與健康。

【原文】人保一期，守命為賢也。其保一期之源，在於養生。（《喫茶養生記》）

【榮西】（西元1141年～西元1215年）日本僧侶，臨濟宗的開山始祖。在中國修行的時候，了解到喝茶不僅能養生，還能趕走睡意，因此將茶帶回日本，推廣佛教的同時也推廣茶的美好。

榮西說：「如果要活下去，就必須將自己的生命擺在第一，時時照料自己的健康。」因此，他推廣「喝茶」、「喝茶有益健康」的概念。而不做危害身體健康的事情也十分重要，譬如不參加可能引發爭執的危險遊戲，或是在寒冷的日子裡穿著單薄。只有生病時，人才會認知到「健康」的重要性。請多多保重身體。

小筆記

生命和健康比任何事情都來得重要。

23

日蓮宗

日蓮的格言

正義永遠會獲勝。

【原文】惡雖多，仍不勝一善。（《異體同心事》）

【日蓮】（西元1222年～西元1282年）日本僧侶，日蓮宗（法華宗）的開山始祖。在過去許多地震和暴風雨肆虐、眾人感染嚴重疾病的年代，他行遍全國各地，四處誦經，解救受苦的人民。

日蓮這句話的意思是：「儘管世界龍蛇雜處、邪惡四竄，也沒有一件壞事能贏得過正義。」簡單來說，就是「正義必勝」，這點老師我也相當認同。儘管做壞事的人能在短時間內奪得利益，譬如賺取許多的錢財，但總有一天會遭受制裁。最後的最後，反而是一向剛正不阿的人才能成為真正的贏家。

小筆記

邪惡的一方總有一天會衰敗。

24

淨土真宗 親鸞的格言1

機會並不一定能等你到明天。

【原文】雖覺有明日　然櫻花易凋零　夜半風颮　或將其吹落一地

這句話源自親鸞歌詠的和歌，意思是：「儘管想著明天櫻花仍會盛開，但也有可能夜晚一場暴風來襲，將花瓣吹落一地。」當機會來臨時，如果將它擱置一旁，覺得「明天再說」的話，很有可能會讓別人率先搶下機會喔！雖然謹慎也很重要，但也必須提起勇氣，果斷地告訴自己「機會就是現在！」。

【親鸞】（西元1173年～西元1263年）日本僧侶，淨土真宗的開山始祖。自幼父母雙亡，年僅9歲就出家。至90歲圓寂前，持續傳授讓眾人皆能迎向幸福的生活之道。

小筆記

機會就是現在！

親鸞的小故事

據說親鸞寫下這首和歌時只有9歲。當時已經下定決心要成為和尚的親鸞，前去拜訪了某位僧侶，想拜他為師。然而當天夜已深，那名僧侶便對他說：「明天再幫你舉行得度式（為想成為和尚的人舉行的入道儀式）吧！」因此，親鸞寫下這首和歌。

親鸞藉由和歌來詠嘆：「如果等到明天的話，搞不好櫻花都已經凋落了。」並表達出「我等不到明天，我現在就要出家」的心情。從這則小故事中，我們可以看見親鸞無論如何都要成為和尚的堅強意志呢！

我也因為很快地報名了圖書管理員的職位，而被列為候選人呢！
對喜歡書的小勝來說，可真是個不容錯過的大好機會呀！

25

淨土真宗 **親鸞的格言2**

儘管能得到原諒，也不應當做壞事。

【原文】雖有解藥，也不應嗜毒。（《歎異抄》）

淨土真宗提倡：「壞人也能因信佛而成佛。」這句格言便是在告誡那些因此覺得「做些小奸小惡也沒關係」的人：「儘管這世上有解藥，但也不應就此去喝毒藥」。考試時偷雞摸狗作弊，最後導致自己的學習得不到任何成效；因為沒人在看而擅闖紅燈，最後發生車禍。像這樣犯下小奸小惡的最後，損失的往往是自己啊！

小筆記

「犯些小奸小惡沒關係」的想法是條不歸路！

26

曹洞宗 道元的格言

別毫無意義地過活、虛擲光陰。

【原文】別行無益之事，徒失時間。《正法眼藏隨聞記》

【道元】（西元1200年～西元1253年）日本僧侶，曹洞宗的開山始祖。出生於富裕的家庭，自幼父母雙亡，並於14歲時出家。曾央求師父讓他前往中國，回國後開創了曹洞宗。

你是否明明沒有特別想看的節目，也沒有喜歡的明星出場，卻還是死盯著電視機呢？如果你是想藉此放鬆，消除疲勞的話，那就另當別論，但如果你只是渾渾噩噩地盯著電視機，這段時間就會變得毫無意義。人一生的時間有限，道元告誡大家，虛擲如此重要的時間，是非常浪費的喔！

小筆記

浪費時間如同揮霍金錢。

27

時宗 一遍的格言

人生而平等，不能歧視他人。

【原文】保持平等之心，勿起差別之思。（《一遍上人語錄》）

每個人都是平等的。世界上的人形形色色，有成績優異的人，有擅長運動的人，有兩者都不盡優秀，但心地非常善良的人，人並沒有因為有所差別，誰就比誰優秀，誰就比誰卑微。儘管偶爾會有需要排名的情況，但人類並沒有所謂的高低尊卑。每個人都擁有自己的長處，因此一遍告訴大家，絕對不能歧視別人。

小筆記

歧視他人的人最差勁。

【一遍】（西元1239年～西元1289年）日本僧侶，時宗的開山始祖。推崇在誦經的同時一邊敲打太鼓及鉦鼓，一邊跳舞的「念佛舞」，據說這是現今「盂蘭盆舞」的前身。

28

僧侶

一休宗純的格言

與其作詩，不如耕田。

【一休和尚（一休宗純）】（西元1394年～西元1481年）日本室町時代的詩人、臨濟宗門下的僧侶，因常成為機智故事的主角而留名青史。

這句話的意思是，與其做些「對活著沒有幫助的事情」，不如做些「對活著有益的事」。一休和尚並非是在否定「作詩」的價值，而是在說：「溫飽自己相當重要。」倘若有一天你為了成為一名作曲家一味地寫歌，但最終作品仍乏人問津的話，也會因為無法溫飽而感到煩惱吧！

小筆記

溫飽自己的肚子是首要之務。

29

曹洞宗 良寬的格言

花無心綻放，卻引來蝴蝶停留。然而，其實蝴蝶也無心造訪。

【原文】花無心招蝶，蝶無心尋花。

良寬詠頌的這首漢詩，意義相當深遠。無論是花朵綻放，或是蝴蝶造訪，他們都不是抱持著「我打算這麼做」的心態行動，而只是個順應自然的舉動而已。其實人與人彼此相遇、結識為友，也是同樣的道理，都是自然的流動，無須思考「要這麼做、要那麼做」等等無聊的事情，也無須為其苦惱，只需要順其自然地前進就可以。這不正是良寬想傳達的道理嗎？

【良寬】（西元1758年～西元1831年）日本僧侶兼歌人。儘管是位身份地位很高的僧侶，也不穿高貴衣裳、待在華麗的寺廟，而是住著小屋，愛著大自然與孩童並創作優美的詩詞、俳句及和歌。

小筆記

自然天命是人無法用思想操控的。

良寬的小故事

在良寬生活的年代，廁所設在房外的茅房是件稀鬆平常的事情。某天晚上，他發現廁所裡竟然長出了一根竹筍。由於竹筍很快地就會長成竹子，因此良寬心想，放著竹筍不管的話，廁所的屋頂將會阻礙竹筍的生長，這樣子竹筍太可憐了。所以，他決定利用手上的燭火在廁所的屋頂上開出一個洞。但突然間，火竟然蔓延開來，茅房付之一炬。雖然如此，就良寬為了竹筍的生存，打算在屋頂開洞這點來看，可以發現，他實在是一位很有愛心的人呢！

是在提醒我們，要臣服自然之流，對吧？
實在是太深奧了！其實對我來說也很困難呢！

30

臨濟宗 **澤庵**的格言

若想要了解一個人，就去觀察他結識的朋友。

【原文】欲知人之良善，則知其愛用之臣、親交之友。

【澤庵】（西元1573年～西元1646年）日本僧侶。某天德川家光想要品嚐美食，澤庵便請他空腹後品嚐一道漬物，其美味令德川家光驚嘆不已。該道漬物因為而被命名為「澤庵漬」。

只要知道一個人平常都和怎麼樣的人待在一起，就能大略明白那個人的個性。或者，你也可以試著去詢問認識他的人：「○○○，是個怎麼樣的人啊？」畢竟有來往的人，總能清楚明白那個人的樣貌。你不也都和與自己個性相近的人走在一起嗎？如果有人向這些人問起自己時，真希望他們都能回答：「○○○是個非常好的人呢！」

小筆記

朋友就是反射你的明鏡。

第 3 章

中國思想家的格言

中國思想家的名字，都是「〇子」耶！雖然很像女生的名字，但「子」其實是代表「老師」呢！
接下來，我們要前往中國囉！

31

道家 老子的格言1

不驕傲自滿的人，才能獲得周圍的尊崇。

【原文】不自矜，故長。

明明沒有做什麼了不起的事，卻老是自吹自擂的人，光是看到就令人反胃，對吧！相反地，儘管擁有在競賽中奪下獎項等厲害的事蹟，仍不為此驕傲自滿、甚至會說出「多虧有同伴幫忙」的人，往往都能獲得周圍的尊敬。比起獨占功勞的人，在失敗時坦承「是自己的疏失」、在成功時感激地說「多虧有大家協助」的人，才是真正有格局的人。

【老子】（西元前579年左右～西元前499年左右）中國春秋時代末期的思想家兼哲學家，《老子》的作者。老子這個詞，據說是對「偉大人物」的尊稱。

小筆記

搶風頭的人最遜！

老子的小故事

老子曾說：「最好的生存之道，是活得像水一樣（原文為：『上善若水』）。」無論是動物或植物，沒有水就無法存活。但儘管水帶來如此大的益處，它也絕不自我吹噓。而且，把水裝進圓形容器裡，它就變成圓形；裝進四角的容器裡，它就變成四角形。水能夠順應環境改變自己的樣態，不與周遭挑起紛爭。再者，水總是往低處流，不強出風頭。

這就是老子理想的生存之道——儘管幫助了周遭，也不自誇、不引爭、不搶風頭。

我本來就不是個自以為是的人呢……。
哎呀！小勝你的優點就是對誰都很溫柔呀！

32

道家 老子的格言2

即使獲勝，也不應沾沾自喜。

【原文】勝而不美。

因為取得勝利而開心並非壞事，只是，如果無時無刻都讓「我贏了！」的歡喜充斥心頭，成長便會就此停滯。比如說，我們可以因為考試考了100分而感到開心，但如果就此洋洋得意而偷懶懈怠，下次考試的成績就會一落千丈。在日本也有「勝而繫盔緒」這麼一句俗諺，意思即是：「正因為贏得了勝利，才更應當提高警覺繫緊頭盔。」

小筆記

勝利之時，更不應該鬆懈大意。

33

軍事著作 孫子兵法的格言

最高級的勝利法，是不戰而勝。

書寫作戰方法的軍事著作《孫子兵法》記載：「最理想的勝利法，就是不戰而勝。」舉例來說，在爭奪操場空地時，如果爭執著誰比較早到，最後休息時間就會在爭吵之中結束。與其爭論不休，不如協商「彼此各用一半」，或是「今天先讓你們使用，明天再換我們」等等，只要雙方都能接受談判的果，實質上就等同於勝利了呢！

小筆記

動武是最後的手段。

【孫子】（西元前6世紀～西元前5世紀）中國春秋時期的武將兼兵法家。據說是軍事著作《孫子兵法》的作者，這本《孫子兵法》也對日本戰國時期的武將帶來極大的影響。

34

儒家 孔子的格言1

「知曉此事的人」不敵「喜歡此事的人」。「喜歡此事的人」不敵「樂在其中的人」。

【原文】知之者不如好之者，好之者不如樂之者。

「能夠熱衷投入的人」才是最容易進步的。比起單純踢足球的人，喜愛足球的人一定能進步得更快。但，不僅僅是喜歡，還對踢足球這件事情樂此不疲的人，進步得又更快了。因此，如果希望哪項技能可以快速上手的話，只要「開心地沉浸在其中」，就能進步神速喔！

【孔子】（西元前552年～西元前479年）中國春秋時代的思想家兼哲學家，同時也是儒家的創始人。其弟子們將孔子所說的話編纂成《論語》一書，讓後世得以藉由《論語》認識孔子的格言。

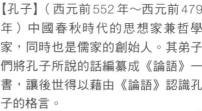

小筆記

「樂在其中的人」才是最厲害的！

孔子的小故事

孔子本來是今日我們所稱的「政治家」。據說當年，他很快地就受到重用，只是，他的想法都太過於理想化，而遭到君王鄙棄，失去了政治家的地位。失業的孔子便和弟子們展開旅行，流浪各地，回到故鄉時已經69歲了。著名的《論語》一書，則是孔子仙逝後由其弟子們編纂而成，是一本孔子與弟子們的對話語錄。

此外，聽說孔子身高高達216公分，因此被稱作「長人」。

我只要一看書，心情就會變得很開心呢！
所以小勝你一個月才能讀好幾本書呀！

儒家 孔子的格言2

35

不承認失敗，才是真正的失敗。

【原文】過而不改，是謂過矣。

無論再怎麼優秀的人都有犯錯的時候，因此，遭遇失敗也是無可厚非的事，更糟的是，不承認、不反省過錯。能夠坦承接納自己的過失，並在未來改善是件非常重要的事。在棒球比賽中如果被三振出局，比起為自己找藉口說：「是對方的投手太優秀了。」不如承認被三振的事實，並為下次的完美揮棒勤奮練習，才是更為重要的喔！

小筆記

接受失敗，並化作下次成功的養分。

36

儒家 孔子的格言3

「做太多」和「做不足」都同樣無益。

【原文】過猶不及。

這意思是：「無論什麼事情，做得太多都是枉然。」再怎麼健康的食物，吃太多腸胃也會不適。再舉個例，在打掃時間警惕偷懶的人雖然能彰顯正義，但如果言語太過激烈惹怒對方，反而引起反效果。想要讓事情都能順利進行，秉持「剛剛好」的準則才是最佳之道。啊！考試就不要只抱持著「剛剛好」的心態，要以滿分為目標喔！

小筆記

「剛剛好」是讓事情順利進行的魔法咒語。

37

儒家學者 孟子的格言1

只要善盡誠意，沒有人能不被打動。

【原文】至誠而不動者，未之有也。

孟子說，只要善盡誠意，人都會有所感動。例如，如果今天有個人對你犯下了不可原諒的過錯，只要對方一再地道歉，你也會願意原諒對方，對吧！原文中的「至誠」，就是指像這樣「直到對方原諒之前不停道歉」的真摯與誠心。只有嘗試取得對方原諒一兩次就放棄的話，不能稱作「至誠」喔！

【孟子】（西元前372年～西元前289年）中國戰國時期的儒家學者，鑽研孔子的教誨。其富有教育熱忱的母親有則著名的軼聞，叫做「孟母三遷」。

小筆記

利用「至誠」的心來打動對方的心。

孟子的小故事

歷史上有一則和孟子的母親相關的著名故事，叫做「孟母三遷」。

孟子年幼的時候，住在墓地的附近。孟母看到幼小的孟子玩著「模仿喪禮」的遊戲，心想：「這對孩子的發展不好」，因此決定搬家。後來，他們搬到了市場附近，孟子卻改玩「模仿交易」的遊戲，孟母見了，又想：「這裡也對這孩子不好」，便決定再次搬家。這次他們搬到了學校的附近，孟子效法學生，變得勤勉用功，孟母這才放下了心中的大石頭。這則故事告訴我們，環境對於養育孩子有多麼地重要。

能打動人心的，正是人心呢！
只要善盡誠意，一定能感動對方喔！

38

儒家學者

孟子的格言2

權力無法使人信服。但若以品德待人，則能讓人真心成為你的同夥。

【原文】以力服人者，非心服也。以德服人者，中心悅而誠服也。

握有強權的人若利用權勢迫使弱者跟隨，弱者即便聽話，內心也會抱持不滿；當強者權力式微時，便會立刻遠走高飛。然而，若人心胸寬大善良、深受眾人愛戴，身旁的人便會真心誠意地想成為他的伙伴。哪天即使遇上了困難，不分親疏遠近必定都會樂於給予協助。「他人的尊崇大於權力」，這是居上位者都得銘記在心的道理呢！

小筆記

居上位者應以德行贏得周圍的愛戴。

39

思想家 墨子的格言

看家本領與拿手絕活容易招來失敗。

【原文】彼人者，寡不死其所長。

愈覺得「自己算數超群」的人，愈容易因粗心大意而計算錯誤。歷史上的武將也是如此，愈是勇武、自信滿懷，愈容易過於相信自己的實力，最後在戰場上殞命。墨子要我們多加小心：「愈是擅長、信手捻來的事物，愈容易因疏忽大意而丟失性命。」不讓自己失敗的關鍵就在於——愈是拿手的事物，愈應慎重以對，不得意忘形才是！

小筆記

對於擅長的事情應小心謹慎，才不會與成功擦肩而過。

【墨子】（西元前470年～西元前391年）中國思想家，墨家的開山始祖。生於戰爭頻繁的年代，曾自組戰鬥部隊活躍於當代。否定攻擊的策略，轉而思考在敵方侵略的情況下明哲保身的戰鬥方法。

40

思想家 莊子的格言

若只專注於自身的利益，便會忽略重要的事情。

【原文】見利而忘其真。

【莊子】（西元前369年～西元前286年）中國思想家，道家始祖之一。告誡世人應捨棄渴望擁有的欲望，順其自然地生活。

當我們專心在一件事情上時，便會忽視周遭的事物，或是忘記重要的事情。你是否也曾經有過以下這些經驗呢？和朋友玩得太開心沒察覺時間的流逝，導致回家時夜幕已垂；或是太認真欣賞電視節目，而忘記完成作業。當我們專注於某件事情時，一定要特別小心喔！譬如在路上邊走邊玩遊戲的話，很容易撞到人喔！

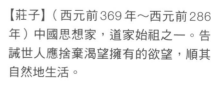

小筆記

專心的當下，也應注意周遭！

莊子的小故事

「若只專注於自身的利益，便會忽略重要的事情。」這句話，正是源自於莊子的親身經歷呢！某天，莊子走在路上，看到了一隻鳥停在樹枝上。莊子打算前去捕捉這隻鳥，然而，當他靠近時，這隻鳥卻完全沒有想要逃跑的跡象。仔細一看，這隻鳥正緊盯著草叢裡的螳螂，想要獵捕牠。然而，螳螂也正緊盯著蟬，想要捕獲牠。螳螂並沒有發現自己正被一隻鳥給盯上。無論是鳥或螳螂，都只專心在眼前的獵物，沒有注意到自己已經陷入了危險的局面。

前陣子，我因為太專注在看書，所以撞到電線竿呢！
小勝，這樣太危險了~別再邊走路邊看書了！

41

儒學家 #荀子#的格言1

點出自己缺點的人是老師；點出自己優點的人是朋友。

【原文】非我而當者，吾師也；是我而當者，吾友也。

對於那些特別提點你的人，請把他們視為老師，「感恩地聆聽對方的指教」，因為對方是為你著想才提醒你的。而對於那些稱讚你的人，「請把他們當成朋友，珍惜對方」，因為對方是懷抱著善意並且欣賞你的。尤其，當我們遭人評頭論足時，很容易感到忿忿不平，因此，擁有「對方或許是為我好才對我這樣說」的心態十分重要呢！

小筆記

提點你的人，如同你的師父。

【荀子】（西元前313年？～西元前238年）中國思想家。認為人類是個為非作歹的生物，因此在成長的過程中，需要學習如何向善。代表作有《性惡篇》。

42

儒家學者 荀子的格言2

在迷惘之中前進容易挫敗。

【原文】以疑決疑，決必不當。

當執行事情時不相信「就是這樣做沒錯！」的話，很容易以失敗收場。過程中若懷抱「這個方法感覺就會失敗……」的猜疑，事情往往無法順利進行下去。下一個含糊的決定時，也只能含糊地行動。所以，堅定意志，抱持著誓死的決心實行便能一帆風順。在攸關勝負的時刻也是，儘管位處弱勢，只要深信能贏則有可能意外獲勝喔！

相信自己是最重要的喔！汪！

小筆記

「搞不好會失敗」的想法，就是在召喚失敗降臨。

43

儒家學者 朱子的格言1

辦不到時，請反省自己「是否已經全力以赴」。

【原文】若不成萬事，須責吾之志。

意思是「若要探究無法達成目標的原因，請先自我反省，質疑自己是否不夠積極」。把辦不到的原因歸咎於身體狀況、天氣等外部因素是件容易的事，但若能反思：「是否再加把勁，就能達成目標了呢？」下次成功的機率便會大幅提升。一流的選手即使在賽事中戰敗，也不會替自己找藉口，而是會說「下回再繼續努力」呢！

小筆記

請反省自己「是否真的盡力了呢？」

【朱子】（西元1130年～西元1200年）中國思想家，朱子學的創始者。曾透過將天體運行製成模型、觀察雪的結晶，來研究宇宙的運作機制，更開拓了「朱子學」這門學問。

44

儒家學者 朱子的格言2

人很快就會年老力衰，應珍惜時光用功讀書。

【原文】年少易老學難成，一寸光陰不可輕。

這句話的意思是：「即使認為自己年紀尚輕，也應儘早珍惜光陰，勤奮唸書，因為研究學問是需要時間的。」其實這並不侷限於「讀書」這件事。將棋手藤井聰太因為成為最年幼的專業棋士引發熱烈討論，若想像他一樣在某個領域成為一流人物，那麼從小開始認真培養，肯定能比周圍的人更早開始累積實力！

小筆記

若要深入某個領域，就不能虛擲光陰。

45

作家 **洪自誠的格言1**

請寬恕他人的過錯。但對於自己的過失，必須嚴厲以待。

【出處】洪自誠《菜根譚》

【洪自誠】（西元1573年～西元1620年）中國作家。其著作《菜根譚》融合了儒家、佛教與道家的教義，為世人揭示智慧的生活之道。

這句話出自於洪自誠的《菜根譚》，說明了人與人交際的要領。當別人犯錯時，別去指責對方，而是向對方說聲：「沒關係的！沒關係的！」給予對方鼓勵與安慰。但如果是自己犯錯的話，儘管沒有遭到他人指責，也應好好反省，並於下次改進。這句話後頭也有說道：「請咬牙苦撐自身的痛苦。但對於他人的苦難，不得視而不見。」

小筆記

寬以待人，嚴以待己。

46 作家 洪自誠的格言2

應遺忘自己待人的良善，
謹記自己造成的麻煩。
應牢記他人施予的恩澤，
忘卻他人對己的怨恨。

【出處】洪自誠《菜根譚》

「菜根譚」寓意為，
即便菜口感硬梆梆，
只要多加咀嚼，
也能嚐出箇中滋味！

出自《菜根譚》，傳達了與人和睦相處的祕訣。將對他人付出一直惦記在心、要求對方有所回報的話，容易遭人厭惡；相反地，我們也不應將自己造成的困擾立即拋諸腦後，甚至重蹈覆徹。如果他人對我們好，也不得忘恩負義，應在下次見面時向對方道聲謝謝；而如果今天遭受他人差勁地對待，我們也不需要一直懷恨在心。

小筆記

請爽快忘卻自己對他人的付出，牢牢記得他人給予的恩惠。

47

作家 洪自誠的格言3

這個世界絕不骯髒，也絕非苦海。是人心讓世界變成這副德性。

【出處】洪自誠《菜根譚》

這句格言便是洪自誠針對總抱怨著：「這世界骯髒至極，宛如是座苦海。」的利慾薰心之人而說。不論怨嘆社會險惡，或是讚賞世界美好，大家都生活在相同的世界裡。而正是彼此想法不同，而讓世界劃分為天堂或地獄。可見，只要轉換看世界的方法，即使身在相同的世界中，風景也會一夕之間改變喔！

小筆記

世界欣賞角度由你，世界樣貌好壞也由你。

第4章

哲學家的格言

接下來是哲學家的格言！
很難得有機會一口氣見到
古代與現代的學者呢！
世界上有好多哲學家呀！
看來人生是個深奧的難題啊！

48

哲學之祖 泰利斯的格言

最困難的事是了解自己，最容易的事是告誡他人。

你是否曾經被朋友說過你是位「急性子」，或者你是位「慢郎中」等等，因為明白了這些自己從未發現的個性，而驚訝不已呢？我們意外地很難看清自己的性格與癖好呢！相反地，我們反而能夠輕易地察覺別人個性裡的缺點，因此總是在不知不覺間給予他人指教。儘管我們能夠察覺他人的缺失，也應當好言相勸，否則可能會傷害到對方的心喔！請大家務必要小心。

【泰利斯】（西元前625年～西元前547年）古希臘哲學家，被公認為最早的哲學家。他一邊學習數學與天文學、觀察自然，一邊研究這世界究竟由何種物質組成。

泰利斯的小故事

有時候，泰利斯會遭到他人嘲諷：「明明是窮人家，還投入哲學這種對社會沒有貢獻的事情。」對此忿忿不平的他，便運用天文學的知識，預測到了橄欖的豐收，並在採收之前買斷橄欖油榨油機。果真，如同泰利斯所預測，橄欖大豐收，人們為了榨油，還得付出高昂的租金向泰利斯租借榨油機。藉此大賺一筆的泰利斯，便反擊那些嘲諷他的人說：「賺錢我隨時都能辦到，只是我沒興趣而已。」

我在別人眼中究竟是什麼樣個性的人啊？
小勝作為書痴，十分博學多聞，個性還很細心呢！

小筆記

「了解自己」與「包容他人」都是相當困難的。

49

哲學家 蘇格拉底的格言

與木匠說話時，請使用木匠能懂的語彙。

蘇格拉底的意思是「傳達訊息給他人時，必須以對方能夠理解的話語表達。」若對外行淨說些同行才能理解的行話，或是對小孩子說過於困難的詞彙，並無法確實傳達訊息。等到事後對方無法會意才在抱怨「我明明就有說過！」一點意義也沒有。別忘了——比起「是否有說」，「語意是否確實傳遞」更為重要！

小筆記

使用對方無法理解的詞彙，等於沒有說。

【蘇格拉底】（西元前469年～西元前399年）古希臘哲學家。蘇格拉底本身並沒有留下任何著作，反而是因為其弟子柏拉圖撰寫了《蘇格拉底的申辯》等書籍，讓我們得以從中了解蘇格拉底這號人物。

50

哲學家 德謨克利特的格言

幸與不幸，皆存於心。

【德謨克利特】（西元前460年左右～西元前370年）古希臘哲學家，是一名超級天才，於距今2400年前的古代建立了一套理論，今日的科學及數學仍無法與其匹敵。

當你看到杯子裡只剩下一半的果汁，你會覺得「果汁還有一半」呢？還是覺得「果汁只剩一半」呢？在全然相同的情境裡，有人感覺幸福，有人感覺不幸。德謨克利特說，幸與不幸，其實都源自每個人各自的心。也就是說，是你自己決定著現在的你是幸福或是不幸的呢！

小筆記

心想幸福則幸福，心想不幸則不幸！

51

哲學家 **柏拉圖的格言**

戰勝自己是最偉大的勝利。

【柏拉圖】（西元前427年左右～西元前347年左右）古希臘哲學家，蘇格拉底的弟子，亞里斯多德的老師。彙整了蘇格拉底的格言，並向後世宣揚。

小筆記

最大的敵人是自己！

馬拉松選手看似是在和其他的跑者競爭，事實上卻是在和自己搏鬥。登山家也是如此，面對登山的艱辛，一面與想逃避的自己抵抗，一面又朝著山頂的目標邁進。柏拉圖說，在這種「與自己的鬥爭中勝出」，是人類最光榮的勝利。「雖然想出去玩，但明天有考試，所以還是得認真讀書」，這也是在和想玩耍的自己進行一場精彩的對決呢！

52

哲學家　亞里斯多德的格言

不幸能彰顯真正的朋友。

【亞里斯多德】（西元前384年～西元前322年）古希臘哲學家，為柏拉圖弟子。學習政治、天體、自然、詩詞和戲劇等事物，奠定了所有學問的基礎，因此被尊稱為「諸學之父」。

這句話的意思是：「當你陷入絕境時不拋棄你，並陪伴在你身邊的人，才是真正的朋友。」若只是流於表面的朋友，只會袖手旁觀你的不幸，裝作不知情，或者離你遠去。亞里斯多德也曾說：「人生的顛峰之時，正是不幸覬覦之時。」得意的時刻更容易跌倒失敗，因此一定要更加小心！

小筆記

患難見真情。

53

哲學家 第歐根尼的格言

並不是富翁擁有財產，而是財產擁有他。

第歐根尼的意思是，「將金錢視為第一」的人，正是「被金錢給支配」的人。不浪費錢財是件好事，但太熱衷於賺錢的話，就會變得連一塊錢也要斤斤計較，生活因此不快樂。若紙鈔沒有被拿來使用，也只不過是張紙片罷了。別忘了，金錢只有被花費在必要的事物時，才能發揮其價值。

【第歐根尼】（西元前412年～西元前323年）古希臘哲學家，被稱作「犬儒」。據說第歐根尼將動物的生活樣貌視為理想的生活狀態，因而放棄追求功名地位與身外之物，拋棄住家，居住在酒桶裡。

小筆記

錢是「拿來花費的工具」，而非「掌控你的物品」。

第歐根尼的小故事

第歐根尼沒有自己的住家，他總是橫躺在酒桶內，自由自在地生活。據說某天，亞歷山大大帝來到他的面前，詢問他：「你都沒有任何願望嗎？」第歐根尼回答道：「你站在那裡的話我就曬不到太陽了，給我閃開！」亞歷山大大帝實在是拿他沒輒，並在回家的路途上，向隨從表達了對他的欽佩，說：「如果我不是亞歷山大的話，我好想要變成第歐根尼啊！」

這樣的第歐根尼在平民百姓之間坐擁高人氣，據說酒桶壞掉時，也會有市民購買新的酒桶送給他。

也就是說，要小心不要被錢給擺布了！
愈是被錢給左右，就會愈窮呢！

54

思想家 **馬基維利**的格言

不應對他人過於窮追猛打。

【出處】馬基維利《君王論》

【尼古洛・馬基維利】（西元1469年～西元1527年）義大利思想家。曾以外交官的身份見聞許多國家的政治型態，並從這些經驗中探究理想領導者應有的樣貌。代表作有《君王論》。

馬基維利說：「將對方逼至灰心喪志的境界，並不是一位深思熟慮的人會做的事。」無論如何，只要對方屈服認輸，都應適可而止才是。若做得太過火，也可能會導致對方氣急敗壞、情緒失控而展開始料未及的反擊。儘管勝利是一樁美事，但如果「對更大的勝利窮追不捨」，反而會造成反效果呢！

小筆記

無論什麼情況，都不應徹底擊垮對方。

55

哲學家
蒙田的格言

想要改天完成的事，全部都能今天完成。

【出處】蒙田《隨筆集》

【米歇爾・德・蒙田】（西元1533年～西元1592年）法國哲學家。從39歲至59歲逝世這段年間持續的撰寫《隨筆集》，深入洞悉人類的生活方式，至今仍撼動無數人。

小筆記

只要有動力去做，隨時都能起身行動。

如果今天已經累了，把「明天還能做的事情」延到明天再做，我覺得並不是件壞事。但是，「改天再做」的思維其實是個天大的陷阱。想想看，如果抱持著「暑假很長，作業改天再做」的想法，就會不知不覺將作業拖到暑假的最後一天呢！這些想要「改天再做」的事，只要有決心去做，都能馬上完成。現在就讓我們一起行動吧！

56

哲學家 笛卡兒的格言1

閱讀好書，彷彿是在和過去最為優秀的人士們對話。

【出處】笛卡兒《談談方法》

【勒內・笛卡兒】（西元1596年～西元1650年）法國哲學家、科學家、自然學家。不僅發明解析幾何學，更以近代哲學之祖的名號留名青史。

只要還沒有時光機，我們就沒有辦法和歷史上的偉人們直接對話。但是，這些偉人的著作裡，匯集了許多他們自身的經驗與學問。因此，笛卡兒才說，閱讀書籍，就像是在和寫下這本書的偉人進行一場談話。雖然漫畫很好看，但偶爾也讀一下這些自古流傳至今的傑出經典吧！

小筆記

閱讀，是在汲取「偉人的智慧」。

57

哲學家　笛卡兒的格言2

面對困難的問題，請先拆解它。

【出處】笛卡兒《談談方法》

意思是「無論問題再怎麼難解，將其拆解成數個解決問題的要素，再組織思考就能尋得出路。」舉例來說，「約好明天要和朋友出門，卻將明天之前不得不完成的事情忘得一乾二淨！」時，首先「向朋友延期聚會」，接著「請人協助共同完成非做不可的事情」，如此將問題拆解，再一一解決就行了。

小筆記

將重大的問題細分成好幾個小問題來解決。

58

哲學家 **霍布斯的格言**

不鼓起勇氣，就會錯失良機。

【原文】小心翼翼將導致人們不果決，最後反而錯失行動的機會與絕佳的時機。（《利維坦》）

【湯瑪斯・霍布斯】（西元1588年～西元1679年）英國哲學家。認為只要沒有訂定規則，人們就會為了保護自己而攻擊他人，讓世界充滿戰爭，因此國王體制是必要的。（《社會契約論》）

我們人一旦對失敗感到恐懼，就會開始變得畏畏縮縮。如此一來，便會不敢踏出任何一步，而讓機會溜走。如果會因為害怕挫敗而裹足不前，導致最後回過頭來懊悔「當初這麼做就好了」的話，不如試著放手一搏。倘若不幸失敗，只要認為「這是一段美好的經歷」，也能化為成長的養分。抓住眼前機會的訣竅就是拿出一些勇氣喔！

小筆記

失敗也只不過是場經歷，無需感到恐懼！

59

哲學家・思想家・數學家 帕斯卡爾的格言

智慧更勝知識。

【出處】帕斯卡爾《思想錄》

【布萊茲・帕斯卡】（西元1623年～西元1662年）法國數學家、哲學家。發現「密閉流體中的某個點所承受的壓力，能毫無減損地傳遞至每個角落」，此原理稱作「帕斯卡定律」。

如果遇到了一個令人困惑的問題，比起刊載於教科書上、單純是死背下來的「知識」，機智的發想、嶄新的點子等等的「智慧」反而更能開闢出解決之道。因此，帕斯卡爾才說：「比起滿腦子知識的兩腳書櫥，腦袋機靈、能夠靈活思考的人反而更勝一籌。」但也別忘記，要提出解決辦法，也還是得具備一定程度的知識喔！

小筆記

能將「知識」轉化成「智慧」的人，才是真正的智者。

60

哲學家 史賓諾沙的格言

人們認為的「不可能」，只不過是內心「不想做」。

當有人問你「明天前可以完成嗎？」你回答「沒有辦法」時，請摸著良心，認真地思考看看，你真的打從心裡認為「不可能」嗎？莫非你只是利用「做不到」這個藉口，來隱藏、合理化「不想做」這句真心話呢？史賓諾沙想表達的，就是人們總是會為自己的真心找藉口呀！

小筆記

當你說出「辦不到」時，是真的「辦不到」嗎？

【巴魯赫・史賓諾沙】（西元1623年～西元1677年）荷蘭哲學家，被稱為是歷史上最為偏激的思想家，因為反對基督教而遭人不停地追捕。即便如此，他仍四處遷徙，創作書籍。

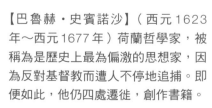

61

哲學家 洛克的格言

要領略一件事，便是去見證它。

【約翰・洛克】（西元1632年～西元1704年）英國哲學家，認為人類是透過累積自身經驗，一點一滴進步。被稱作「英國經驗主義之父」。

知識這東西，比起聽別人說，不如自己實際去體驗，才能將它變成活生生的寶藏。也有句俗諺道：「百聞不如一見。」（比起從別人口中聽到好幾次，不如自己親眼見證一遍，反而更能清楚明白。）任何事情皆是如此，並非聽別人闡述就能恍然大悟。利用自己的雙眼去見證，利用自己的身體去體驗，知識便能立即烙印在你的腦海之中。

小筆記

「體驗」能化為「活生生的知識」。

62

哲學家 **孟德斯鳩**的格言

建立豐功偉業的人，往往是位大膽的冒險家。

【夏爾・路易・德・孟德斯鳩】（西元1689年～西元1755年）法國哲學家兼法律家。提出將國王一人掌有的權力進行三分，三權彼此互相監督的政治體系。代表作《論法的精神》。

小筆記

成為一位冒險家，迎接全新的挑戰吧！

單單攀越一座高嶺，或是進行一場偏遠叢林的探險，都稱不上冒險。挑戰所有人都認為「難以達成」的任務，或是埋頭苦幹於嶄新的發明或研究，才是場偉大的冒險。孟德斯鳩的這番話，便是在讚揚不屈不撓迎向挑戰、為了達成目標披荊斬棘的人，才是真正的「冒險家」。老師我真心希望你能成為一位勇敢的冒險家喔！

63

哲學家 **盧梭**的格言

人們總是在追求幸福，卻又老是遺漏幸福。

【尚－雅克・盧梭】（西元1712年～西元1778年）法國哲學家，其闡述教育理論的作品《愛彌兒》，與提倡國家應為人民付出的作品《社會契約論》，帶給法國大革命極大的影響。

只要是人，都希望「能夠擁有幸福」。但是，仔細思索後便會發現，擁有家人、擁有可以居住的家、每天豐衣足食，就足以稱作幸福。而且，我們還可以上學、結識朋友、學習新知，有些國家的孩子可沒有辦法享有這些事物，對於出生在這些國家的孩子們來說，這些全是幸福的象徵。其實幸福，早就在自己身邊呢！

小筆記

要擁有幸福，並非是去探尋它，而是去察覺它。

64

哲學家 **康德的格言**

有3種東西，能帶領我們挺過人生的艱困——希望、睡眠與笑容。

【出處】康德《判斷力批判》

康德說，痛苦的時候，只要憑藉這3樣東西，就能重振精神。舉例來說，學習外文時，只要擁有「將來想在這個國家生活」的夢想，痛苦便能煙消雲散。如果有什麼掛心的事，只要晚上好好睡一覺，心情也能獲得些許放鬆。感到苦悶時，找位朋友談笑風生，看齣喜劇節目，便能忘卻憂愁。心情低落時，不妨選一件事情試試吧！

【伊曼奴爾・康德】（西元1724年～西元1804年）德國哲學家，於大學擔任教授，教導哲學、地理學、自然學與人類學等科目，同時也撰寫書籍與論文，是一位能夠活潑談論許多話題、古道熱腸的老師。

小筆記

請在心中懷抱著希望、好好睡覺、開心地笑。

康德的小故事

康德號稱「柯尼斯堡的哲人」，而這個稱號取自他誕生的城鎮。康德在柯尼斯堡的生活極具規律，他從任教的大學回家後，總是在相同的時間，散步在相同的路線上。因為他實在是太準時了，據說城裡的人一旦看到散步中的康德，便會開始調整錶上的誤差。

某次，康德沒有在固定的時間出門散步，引起了一陣騷動：「康德是不是發生什麼事了？」原來那天，康德只是太沈浸在當時正在閱讀的書裡，忘記出門散步了。

明日香，你總是很有精神的原因，是因為懷抱著想當老師的夢想吧！
對呀！也因為這樣，學習對我來說一點也不辛苦呢！

65

詩人・作家 歌德的格言1

鬱悶是人類最大的罪孽。

【約翰・沃夫岡・馮・歌德】（西元1749年～西元1832年）德國詩人兼作家。代表作有小說《少年維特的煩惱》、詩劇《浮士德》等。

身邊待著一位鬱鬱寡歡的人，心情也會連帶受影響。而且，憂愁沮喪時，心情也會非常煩躁，難以有積極正面的想法。你是否曾經因為生氣，將東西往地上摔，事後摔壞了才感到後悔莫及呢？「鬱悶」就是如此，無法對周遭及自己帶來任何一點好處。似乎可以明白歌德為何會把鬱悶說成是「人類最大的罪孽」了呢！

小筆記

「鬱悶」只會帶來負面影響，什麼事情都解決不了。

66

詩人・作家 歌德的格言2

時間只要運用得宜，永遠都是足夠的。

每個人的一天都是24小時。但，總有人愛說「我的時間不夠用，我的時間不夠用」，也有人完全相反，能夠兼顧社團活動與課業，卻看起來氣定神閒。這就是善用時間的人與不善用時間的人之間的差別。善用時間的人在做任何事時，不會拖拖拉拉，而是集中精神去完成它，還能活用中間的微小空檔，有效運用時間。

小筆記

請向善用時間的人看齊。

67

哲學家 叔本華的格言

財富就像海水，愈喝口愈渴。

【出處】叔本華《附錄與補遺》

【阿圖爾・叔本華】（西元1788年～西元1860年）德國哲學家。認為人類都有渴望擁有的欲望，但因為總是欲求不滿，才會覺得人生充滿痛苦。

我們愈是追求金錢，就愈是陷入無止盡的迴圈。當我們擁有100萬元，就會開始妄想擁有200萬元；當我們擁有200萬元，就會開始妄想擁有300萬元。因此，若我們對金錢產生執念，就會永遠感受不到幸福。叔本華在這句格言後頭接著說道：「名聲也可以說是同樣一回事。」也就是說，「想要聲名大噪」的想法也一樣是個無底洞呢！

小筆記

財富和名聲，剛剛好就好。

68

哲學家・教師　阿蘭的格言

無論何種職業，唯有自己掌握全局的才備感愉悅，得服從他人的往往備感不悅。

【出處】阿蘭《論幸福》

【阿蘭】（西元1868年～西元1951年）本名為埃米爾－奧古斯特・沙爾捷，是位法國哲學家。提倡幸福要由自己創造，並獲得世人廣大的支持。

阿蘭的意思是：「無論何種工作，只要是別人要求自己做的，將乏味可陳；若是自己主動執行的，才會妙趣橫生。」不僅工作，鍛練和學習也是同樣的道理。被教練要求練習，和渴望變強而自主練習，兩者迸發出的動力截然不同。學習上也是，比起老師課堂上單方面講解，自主學習完成評量將更能消化知識，也會進步更快對吧！

小筆記

「被別人要求」很無趣。「想做所以做」才有趣。

69

哲學家 沙特的格言

每個人都各自擁有絕對且至高無上的自由。

每個人都是自由的。沙特認為這是無庸置疑的道理。但是，請別忘記自由的概念也包含著「責任」。若你是自由的，那麼別人也同樣是自由的，因此千萬不能剝奪他人的自由。另外，若我們想要自由自在地做自己喜歡的事情，就必須自己努力賺錢，而我們也擁有「選擇工作的自由」。

【尚一保羅・沙特】（西元1905年～西元1980年）法國哲學家兼作家。一邊擔任教職，一邊編著帶有明確政治立場的雜誌。是位將知識付諸行動的讀書人，其特質帶給其他作家與思想家們莫大的影響。

小筆記

感謝自己擁有自由，並活出自由！

沙特的小故事

當諾貝爾文學獎決定頒獎給沙特時，竟遭到沙特婉拒。對此，沙特說：「我並不希望在死之前被他人視為神人。」因此才拒絕領獎。也就是說，他主張：「與其在還沒成為一位頂尖的文學家時，被視為神人並而逐漸走下坡，更希望自己還沒到達頂點，並以頂點為目標持續邁進。」雖然拒絕獲頒諾貝爾文學獎似乎有點可惜，但或許沙特就是討厭這樣會奪走他身為文學家的自由呢！

很開心自己能夠自由地閱讀喜愛的書籍。
我也很開心自己能夠自由地以當老師為目標前進！

70

哲學家 尼采的格言

反對對方意見的時候，通常都是看對方的表達方式不順眼的時候。

【出處】尼采《人性的，太人性的》

這句格言意思是：「希望對方贊成你的意見，就多加注意表達方式。」你也會因為強硬地被警告而感到不耐煩吧！儘管真的想做，也會因此變得意興闌珊。所以，如果希望別人替你做某件事情，比起蠻橫地跟對方說：「給我快點去做！」不如向對方說聲：「謝謝你的幫忙。」這麼做，對方一定會樂於幫助你的！

小筆記

只是改變表達方式，就能讓對方贊成你的意見。

【弗里德里希・尼采】（西元1844年～西元1900年）德國哲學家。自幼聰明伶俐，27歲就當上了大學教授。然而，他將自身的研究成果出版成書，卻得不到世人的理解，最終罹患身心疾病，因病去世。

第 5 章

其他賢者的格言

距離收集80則
賢者格言的目標，
還有最後一哩路！
最後是對後世影響
深遠的學者及領袖的格言！
究竟會有怎樣的體悟呢？
真是令人期待！

71

皇族・政治家 聖德太子（廄戶皇子）的格言

重要之事，不應自己一人做決定。

【原文】夫事不可獨斷。

【聖德太子】（西元574年～西元622年）日本飛鳥時代的皇族兼政治家。於推古天皇在位期間，派遣遣隋使前往中國，將中國佛教等文化及制度引進日本。

節錄自聖德太子所頒布的《十七條憲法》第十七條，為該法條的最後一條。雞毛蒜皮小事自己作主就好；但決定大事時，若只憑著自己的想法，很有可能會做出錯誤的判斷。試想當你準備傾家蕩產購買遊戲時，如果能在購買前先徵詢朋友的意見，搞不好他們就能獲得忠告，譬如告誡你：「那個遊戲很無聊喔！」而少走冤枉路。

小筆記

參考他人的意見再下決定很重要。

72

詩人・思想家・劇作家 **希勒的格言**

遇到煩惱時，只要懂得向人傾訴，就能如釋重負。

【出處】希勒《唐・卡洛斯》

【弗里德里希・馮・希勒】（西元1759年～西元1805年）德國詩人、思想家兼劇作家。因為一部戲劇作品，描繪了追求自由的人們的心境，而就此聲名大噪。德國的教科書中也有收錄希勒的詩，學生們會在課堂中背誦。

小筆記

別把煩惱藏在心裡，找個人來訴苦吧！

希勒在劇中寫道：「若能敞開背負重擔的心房，將能更為輕盈自在。」如果有煩惱的話，請不要覺得「和別人談談沒有用」，儘管可能會失敗，也請試著向朋友，或者可以依靠的人傾訴。雖然可能無法實質解決問題，但只要有個人傾聽，意外地能夠緩解心情。而且，甚至可能在傾吐的過程順勢整理思緒，藉此找到解決方法喔！

73

學者・思想家 佐久間象山的格言

因為有失敗，才能締造成功。

在行動的過程中，難免會遇上失敗。但是，不展開行動，就不會有成功的一天。也有一句俗諺道：「失敗為成功之母。」就算失敗了也沒關係，重要的是，即使面臨失敗，也不應隨即放棄。被稱作「發明之王」的愛迪生，因實驗失敗遭到他人質疑時也說：「這些都不是失敗，只是發現了行不通的方法而已。」

【佐久間象山】（西元1811年～西元1864年）日本思想家，幕末的開國派代表人物。在習得國外的科學技術後，先是釀製葡萄酒，後又打造了礦場、玻璃工廠等建設，引領日本走向現代化。

佐久間象山的小故事

佐久間象山是吉田松陰與勝海舟等等知名人物的師父。他自學英語及荷蘭語，在培里來到日本之前，就已經抱持著「日本應當要具備不輸給外國的兵力」的想法。

如此優秀的象山，某天收到了松前藩的委託，當時佔領北海道的松前藩，希望象山「替他們建造大砲」。但在試射時，參考西洋書籍製成的大砲竟全數爆炸，以慘敗收場。出錢的松錢藩便去找象山抗議，而當時象山回覆的，就是這句話：「因為有失敗，才能締造成功。」

小筆記

「失敗」是持續邁向成功的階梯。

擁有一顆不畏失敗的心很重要呢！
只要活用失敗的經驗，在成功到來之前持續邁進就行了！

74

思想家・教育家 吉田松陰的格言

任何事皆始於立志。

【原文】以立志為萬事之源。

將來你想要成為什麼呢？運動選手？醫生？或是美容師呢？無論你的目標為何，想要實現夢想，就必須從立下「我想要當○○○」的志願開始。吉田松陰還沒達成自己的抱負，年僅29歲就英年早逝了，相當遺憾。而你仍能懷抱志向，朝自己的夢想奔去。因此，請全力去追尋你的夢想吧！

【吉田松陰】（西元年1830年～西元1859年）日本思想家兼教育家。創立名為「松下村塾」的私塾，聚集年輕人一同討論世界發生的大小事，或帶領他們登山、游泳，訓練體力。許多學生皆活躍於幕末及明治時代。

小筆記

懷抱志向，能促使自己成長。

吉田松陰的小故事

吉田松陰曾經因為非常想到國外求學，而偷偷搭上前往美國的船隻，但在求學遭到拒絕之後，他選擇自首，入獄服刑。在獄期間，松陰心想：「來做些監獄裡能做的事吧！」因此，他委託親友寄書給他，並開始奮發讀書，一年兩個月的刑期內，他總共閱讀了618本書。

此外，據說他也號召同座監獄裡的犯人們「一同讀書」，在獄中教授學問，也從其他犯人身上學習他們各自擅長的工夫，如繪畫、俳句等等。可見吉田松陰無論身在何處，都能找到可以著手執行的事，從中獲得成長呢！

明日香，我也得像你一樣，思考一下未來的夢想呢！
只要設定好夢想，就會有動力去執行了喔！

75

思想家・教育家 福澤諭吉的格言

明明還沒有行動，卻先懷疑自己「可能無法達成」的人，是位膽小鬼。

【原文】尚未嘗試就先對成敗感到疑慮的人，無法謂之為勇者。（《勸學》）

【福澤諭吉】（西元1835年～西元1901年）中津藩（今大分縣）的教育家兼思想家，慶應義塾大學創辦人，同時也是大家熟知的日幣1萬圓鈔票上的人物。

福澤諭吉想說的是：「明明有機會成功，卻總是擔心能否實現，而不去做任何嘗試的人，並不是一位有勇氣的人。」當我們想挑戰某項事物時，總能列出許多導致失敗的可能因素。但一味地害怕失敗，將會無法踏出任何一步。當你開始變得畏畏縮縮的時候，請記得福澤諭吉的忠告：「要像勇者一樣迎接挑戰。」

小筆記

相信自己辦得到，並如勇者般迎向挑戰！

76

思想家・教育家・農學家
新渡戶稻造的格言

人類擁有各自不同的想法、看法，是理所當然的一件事情。重要的是能展現寬大的心胸，互相認同、包容這些不同。

【出處】新渡戶稻造《武士道》

【新渡戶稻造】（西元1862年～西元1933年）日本思想家。曾渴望成為日本和世界的橋樑，而前往美國及德國留學。其英文著作《武士道》在世界上獲得極高的評價。同時也是日幣舊版5千圓鈔票上的人物。

小筆記

別人的想法和自己的想法有出入，是理所當然的！

就像有人希望「花點時間做出好作品」，有人則希望「早點完成再來慢慢改良」一樣，每個人都有各自不同的思維想法。儘管有人和你的見解不同，但在多數的情況下，雙方都是正確的。因此，請先以開放的心接受他人的意見，心想「這樣也很好！」這麼做，也有助於融合彼此想法中的優點呢！

77

宗教家・政治領袖

甘地的格言1

弱者從未能寬恕，寬恕是強者的屬性。

【聖雄甘地】（西元1869年～西元1948年）印度政治家。曾為了抗議英國實施食鹽專賣，而發動「食鹽進軍」，步行380公里至海邊製鹽，此行動亦成為印度邁向獨立的起始點。

當對方犯錯時，你是否只要對方反省道歉，就能夠馬上原諒對方呢？甘地說，在這種情況下能二話不說原諒對方的人，是「真正的強者」。我們也可以說這樣的人是位「寬宏大量」的人。而對方明明已經道了歉，卻仍不打算原諒，甚至一直懷恨在心的人，則是器小易盈的人。從旁人的眼光來看，可是很反感的喔！

小筆記

強者能夠接納他人的懺悔，心平氣和地將一切一筆勾銷。

78

宗教家・政治領袖　甘地的格言2

千萬不要焦急立約。

當別人有事相求時，如果草率答應卻無法兌現承諾，將會造成他人的困擾。例如，已經約好「○月○日」要一同參加活動，但思考後才發現，當天早有其他安排，此時就必須得爽約了吧！若朋友已經買好當天的票，那又更為麻煩了！許下承諾時，請務必確認是否能夠遵守。老是食言的人，會無法獲得別人的信任喔！

小筆記

小心不要輕易立下「無法達成的約定」。

79

基督教思想家 內村鑑三的格言

深陷痛苦的人並非只有自己。

【原文】知病者非汝一人。【出處】內村鑑三《基督信徒的安慰》

【內村鑑三】（西元1861年～西元1930年）東京出身的宗教家。在札幌農學校拜克拉拉博士為師後改信基督教，一生致力於基督教的布教活動。

小筆記

每個人都有自己的困難之處。

生病的時候，常容易覺得「為什麼只有我得在這受苦？」但請想想，這世上還有許多人，正因為其他更為嚴重的疾病而痛苦不已。不只是生病這件事，接二連三發生衰事的時候，只要想著：「不是只有我一個人這麼辛苦」心情也會變得比較舒坦。而且，只要明白大家都有各自的煩惱，待人也能因此更加溫柔呢！

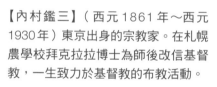

80

作家・教師 **戴爾・卡內基**的格言

只有一個簡單的方法，能讓你不再討厭某個人。那就是去發掘他的優點。

【戴爾・卡內基】（西元1888年～西元1955年）美國牧師兼作家。生於貧困的農村家庭，從事過銷售員、演員等各式各樣的工作，並藉由這些工作經驗，探討在人群面前演說的技巧等。代表作有《人性的弱點》。

小筆記

試著找尋討厭的人身上的「優點」。

你是否有討厭的人呢？如果你又得和這個人碰面的話，建議你試著去發現這個人的優點，藉此稍微喜歡這個人一點。卡內基這番話的後頭是這麼說的：「你一定可以找到他的優點的。」舉例來說，如果把對方的「急性子」視為「行動力強」，或是把對方「拖拖拉拉」的個性視為「謹慎」，這樣一來，缺點也能化作優點了呢！

81

醫學博士 日野原重明的格言

我們並不是在遵照命運，而是在創造命運。

有沒有讀者是當壞事接踵而來時，會自暴自棄地心想「這就是我的命運」的呢？日野原醫師曾經說：「命運是自己創造的。」未來並非早已注定，而是可以藉由自己的意志和行動來改變。日野原醫師雖然生了場大病，但他仍克服病痛，即使超過100歲依舊堅守醫生的崗位，持續替許多人看病。

【日野原重明】（西元1911年～西元2017年）日本醫師、醫學博士。以內科醫師身分活躍，並積極創作、演講，宣揚生命可貴。落實「健康地老去」享嵩壽105歲。亦為著名基督徒。

小筆記

如果現在運氣不好，那就去創造一個好運的未來！

日野原重明的小故事

日野原醫師在90歲時，居然開啟了一項「10年計畫專案」，當專案結束時，日野原醫師將會邁入100歲。即便如此，日野原醫師仍心想：「應該可以撐到最後吧！」而他也真的完成了這項計畫，並認為：「不管到了幾歲，只要開啟新事物，就不會變老。」

此外，日野源醫師還奉行「肚子七分飽」這項長壽祕訣。因為吃太飽的話，會造成身體的負擔，所以對於牛排這種美味又富含營養的食物，他也總是只吃一點點。

無論幾歲，都能開啟新事物呢！
畢竟未來是靠自己的意志去創造的呀！

82

政治家
納爾遜・曼德拉的格言

任何事情在成功到來之前，都看似不可能。

【納爾遜・曼德拉】（西元1918年～西元2013年）南非共和國首位民選總統。入獄期間，仍為了取得法律學士學位，修習大學的函授課程。無論生活多麼痛苦，也從不認輸。是一名基督教徒。

一定有人很常說「我辦不到！」，在努力之前就已經選擇放棄，即便稍加努力就能做到，最後往往什麼也沒做便無疾而終。然而，就像單槓後翻上或是跳箱一樣，即便一開始覺得「我不行！」但只要善加練習就能成功。當然，也有努力卻得不到回報的時候，不過，什麼都還沒做就認定無法達成的話，將會一事無成。

小筆記

試著執行看看，很有可能會意外成功。

「收集格言之旅」結束了！

能夠聽到這麼多位賢者的格言，讓我愈來愈喜歡名言學院了呢！
能夠平安地達成目標，也讓我更有自信了。明日香，謝謝你！
汪汪！
看起來賢者們的格言，都有對兩位帶來啟發呢！一定要將這些格言活用在接下來的日子喔！
兩位收集到了80則以上的格言，恭喜從名言學院小學部畢業！接下來升上國中也要繼續加油，成為頂尖的格言大師喔！

後記

收集世界賢者的「格言」之旅，大家玩得還開心嗎？

是否有遇見觸動心弦的「格言」呢？

這些被稱為思想家或哲學家的人們，在過去很認真地思考「人類究竟該如何活著」，因此留下了這些話，成為了「格言」。

乍看之下，可能會覺得有點難懂。

但是，當你面臨難題或是心煩意亂的時候，這些「格言」將成為你解決問題的線索。

如果這本書介紹的格言能夠替你擦去煩惱，哪怕是一個也好，對我來說都是莫大的榮幸。

格言大師　西澤泰生

索引

索引

主要出處・參考文獻

● 《聖經》路加福音第6章
● 舊約聖經《箴言》
● 《新約聖經》馬太福音第22章、《舊約聖經》利末記第19章
● 內村鑑三《基督信徒的安慰》
● 《新約聖經》馬太福音第7章
● 《天台法華宗年分學生式》
● 《正法眼藏隨聞記》
● 榮西《喫茶養生記》
● 《一遍上人語錄》
● 《異體同心事》
● 《歎異抄》
● 軍事著作《孫子兵法》
● 孔子《論語》
● 洪自誠《菜根譚》
● 馬基維利《君王論》
● 帕斯卡爾《思想錄》
● 笛卡兒《談談方法》
● 尼采《人性的，太人性的》
● 霍布斯《利維坦》
● 康德《判斷力批判》
● 蒙田《隨筆集》
● 叔本華《附錄與補遺》
● 阿蘭《論幸福》
● 希勒《唐・卡洛斯》
● 福澤諭吉《勸學》
● 新渡戶稻造《武士道》

作者簡介

西澤泰生

1962年生於神奈川縣。

自孩童時期就非常喜歡閱讀，好學不倦地讀了許多俗諺與名言的書籍。

曾登上益智節目《賓果猜謎秀Panel Quiz Attack 25》、《Time Shock》等節目，並運用書中得到的知識取得優勝。更在《第十回美國橫斷知識旅行》節目中，晉級於紐約舉行的決賽，榮獲亞軍。

現在，正運用這些知識執筆寫書。

著有：《壁を超えられないときに教えてくれる一流の人のすごい考え方》、《夜、眠る前に読むと心が「ほっ」とする50の物語》、《伝説のクイズ王も驚いた予想を超えてくる雑学の本》、《朝礼・スピーチ・雑談　そのまま使える話しのネタ100》、《10分で読める一流の人の名言100　偉人たちの言葉に学ぶ旅》。

e-mail：yasuonnishi@yahoo.co.jp

助你一臂之力！

偉人名言佳句80句

10分鐘讀世界名言真理

出　　版／楓書坊文化出版社
地　　址／新北市板橋區信義路163巷3號10樓
郵政劃撥／19907596　楓書坊文化出版社
網　　址／www.maplebook.com.tw
電　　話／02-2957-6096
傳　　真／02-2957-6435
翻　　譯／曾玟閎
責任編輯／林雨欣
內文排版／楊亞容
港澳經銷／泛華發行代理有限公司
定　　價／350元
初版日期／2024年5月

國家圖書館出版品預行編目資料

助你一臂之力！偉人名言佳句80句：10分鐘讀世界名言真理 / 西澤泰生作；曾玟閎譯. -- 初版. -- 新北市：楓書坊文化出版社, 2024.05　面；　公分

ISBN 978-986-377-964-3（平裝）

1. 格言

192.8　　113004226